CONQUÊTE ET OPPRESSION

NATIONALITÉ ET LIBERTÉ

PARIS

IMPRIMERIE DE L. TINTERLIN ET C

Rue Neuve-des-Bons-Enfants, 3.

CONQUÊTE ET OPPRESSION

NATIONALITÉ ET LIBERTÉ

PARIS

E. DENTU, LIBRAIRE-ÉDITEUR

GALERIE D'ORLÉANS, 13, PALAIS-ROYAL

—

1861

1860

CONQUÊTE ET OPPRESSION

NATIONALITÉ ET LIBERTÉ

La situation politique en Europe est tellement tendue que l'avenir n'apparaît aux esprits sérieux que sous l'aspect le plus sinistre. L'inquiétude domine les uns, la défaillance s'empare des autres, le doute et la défiance semblent être le partage de tous. Bien qu'il ne soit pas facile de préciser la source d'un sentiment quelconque, car il faudrait la chercher en dehors de nos connaissances palpables, matérielles, on peut cependant affirmer, sans craindre de se tromper beaucoup, que ces divers sentiments ont pour source commune la conviction intérieure d'une faiblesse réciproque; aussi la réunion de Varsovie, sans en vouloir pénétrer les ténébreux mystères, portera-t-elle probablement le nom de coalition de la peur dans les annales diplomatiques. Cette peur, résultat d'un sentiment de faiblesse, doit être vraie, car elle est générale; d'ailleurs elle accompagnait dans le passé les époques de transitions, et certes l'époque actuelle annonce au monde un changement plus complet pour l'humanité que tout ce qui a paru depuis sa régénération. L'homme, émancipé comme individu, attend son émancipation comme nation depuis dix-huit siècles. L'oppression, qui est la négation de la liberté, prit, à travers les siècles, différentes formes pour s'y opposer. On la vit théocratique, féodale, absolutiste, enfin conquérante, mais toujours cherchant à écraser la nationalité; toujours vaincue, l'oppression se transformait, recommençait la lutte et ne cédait le terrain que pied à pied, enfin elle est arrivée à notre époque dans cet état de faiblesse que jamais jusqu'ici elle n'avait montré.

Sans remonter à des temps plus reculés, il suffira, pour se rendre compte de la situation actuelle des choses, d'étudier l'oppression et sa lutte contre la nationalité en remontant seulement d'un siècle en arrière. L'oppression anglaise fait courir aux armes sa colonie de l'Amérique, malgré l'identité de race, de langage, de religion. L'oppression vaincue, une première nationalité libre apparaît aux yeux du monde étonné : et dans cette lutte, bien avant les armées de la France, apparaissent, comme de nouveaux croisés, des volontaires français et polonais. Aussi c'est en France et en Pologne que recommence la lutte de la nationalité contre l'oppression. En France elle la terrasse à l'intérieur sous la forme du despotisme, à l'extérieur sous celle de l'invasion; en Pologne, la nationalité, victorieuse de l'oppression à l'intérieur sous la forme d'une liberté anarchique, succombe à l'extérieur sous l'oppression de la conquête étrangère. Dès ce moment on vit la société politique en Europe prise comme entre les branches d'un étau, représenté au nord par la conquête politique, à l'ouest par la conquête militaire. Il ne fut plus question dorénavant ni de nationalité, ni de liberté; mais, comme il arrive d'ordinaire, de l'excès même du mal surgit le bien. Le principe de la nationalité, sous la puissante direction du génie de l'Empereur Napoléon Ier, transformé en principe de conquête, vient d'abord se heurter contre le principe de nationalité en Espagne. Il finit par dominer l'Europe et, pour échapper au grand capitaine, les souverains, jusqu'ici représentants-nés de ce principe d'oppression, furent forcés d'y renoncer, de l'abjurer et de se proclamer les champions du principe de la nationalité et de la liberté. Pour s'en convaincre, il suffira d'appeler l'attention du lecteur sur les proclamations adressées aux habitants du grand-duché de Varsovie par l'archiduc Ferdinand d'Este, lorsqu'il envahissait ce pays en 1809, à la tête d'une armée autrichienne. Les proclamations des alliés, à l'ouverture et pendant toute la durée de la campagne en Allemagne de 1813, ne sont pas moins remarquables par l'hommage rendu au principe de nationalité et de liberté.

On crut alors que, vainqueurs en Pologne au nom du principe de la conquête et de l'oppression, vainqueurs en France au nom du principe de la nationalité et de la liberté, les souverains de droit divin, unis déjà tacitement par le meurtre de la nationalité en Pologne, pouvaient hardiment proclamer leur union contre toute nationalité et toute liberté, *par le pacte de la Sainte-Alliance.* Vaine illusion! les signes des temps firent bientôt voir que le cadavre qu'on croyait avoir enterré sur les bords de la Vistule revenait à la vie, que nouvel Antée, il n'avait succombé sur les bords de la Seine que pour se retremper dans le flot national. En effet, dans la courte époque qui s'étend de 1815 à 1830, que de mouvements nationaux, protestations flagrantes contre la conquête et l'oppression, ne voit-on pas apparaître? Plus le pouvoir despotique du droit divin cherchait, à l'aide des interventions armées, résultats des congrès que réunissait la Sainte-Alliance, à comprimer ces aspirations du principe de la nationalité et de la liberté, et plus vigoureusement elles réagissaient. Enfin, après divers efforts tentés en Roumanie, en Grèce, à Naples, en Italie, en Espagne, de sourds frémissements en Allemagne et en Russie, on arrivera aux formidables manifestations de 1830, en France et en Pologne. Le principe de nationalité en France n'eut à lutter que contre le souvenir de la conquête, représentée par une dynastie imposée par l'étranger, aussi la lutte ne dura que trois jours. A Varsovie elle ne fut pas plus longue; mais la Pologne ayant à combattre les forces matérielles de la Russie entière et les forces morales de la Sainte-Alliance réunie, succomba une fois encore. Les résultats de ce combat entre les deux principes ne furent pas perdus pour l'humanité. La migration, qu'on pourrait appeler mystique, des Polonais se rendant en France à travers l'Europe fut une protestation triomphale et une garantie de la victoire dans l'avenir, pour le principe que représentaient ces nouveaux martyrs de l'oppression. La nationalité triomphante en France ne trouva pas dans le nouveau souverain un digne représentant. L'oppression matérielle ne pouvait plus comprimer le génie de la liberté, mais le pouvoir essaya de le dénaturer, de le corrompre, introduisant et propageant sous son masque un égoïsme étroit et mesquin. Les générations qui versèrent leur sang dans un généreux sentiment de fraternité pour les autres nations, n'accueillirent qu'avec une colère contenue, ces phrases que l'histoire conserve comme le stygmate des hommes qui représentaient cette époque : *La nationalité polonaise ne périra pas : l'ordre règne à Varsovie : chacun pour soi, chacun chez soi.* Comme contraste, on se rappelait que les bannières polonaises portaient cette inscription vraiment nationale, car elle était fraternelle : *Pour notre liberté et la vôtre.* Aussi qu'arriva-t-il de ce système d'égoïsme et de fausseté en France, c'est qu'à l'extérieur, traité en parvenu et en révolutionnaire, il n'était pas admis dans le concert européen, et qu'à l'intérieur il était stigmatisé par ce sanglant sarcasme, *la France s'ennuie.*

Le frémissement qui agitait ce pays travaillait aussi en secret toute l'Europe, et lorsque la colère nationale éclata en France, pareille à un ouragan elle parcourut notre vieux continent bouleversant tous les trônes, car tous ils représentaient la conquête et l'oppression. Il n'est pas besoin d'entrer dans plus de détails, ils appartiennent à l'histoire, il suffira seulement de faire remarquer quel pas énorme le société européenne a fait vers son émancipation nationale, en rappelant et comparant dans sa mémoire les trois grandes dates de notre époque, 1815, 1830 et 1848. Les nations firent leur devoir, donnèrent leur sang et leur avoir, mais ceux qui se placèrent à leur tête ne furent pas à la hauteur de leurs grandes destinées. Loin de savoir diriger un mouvement grand et généreux qui, émancipant la nationalité, menait à la liberté, ils le confondirent avec un mouvement de désordre, la révolution, et, imitant les représentants de la conquête et de l'oppression, ils cherchèrent à le comprimer. Il arriva alors aux représentants nains du mouvement gigantesque de 1848, ce qui était arrivé au représentant couronné du mouvement national de 1830, ils disparurent, emportés par la force publique de l'opinion, qu'ils ne savaient ni contenter, ni diriger. Jamais peut-être cette force irrésistible ne se manifesta avec plus d'éclat qu'au moment où, portant sur son pavois l'héritier de la dynastie populaire, elle fit sortir de l'urne de la France le nom de Napoléon, malgré tous les obstacles, toutes les passions, les convictions les plus fanaiques, comme les intrigues les plus habiles, les calculs les plus profonds.

Dès ce moment le généreux flot de la nationalité française, de torrent furieux et dévastateur, devint un fleuve majestueux et fécondant, car loin de lui poser des barrières on dirigea son cours vers sa pente naturelle. En effet depuis l'avénement au pouvoir de Napoléon III, la France poursuit sa marche tranquille car elle est satisfaite. C'est ce qu'avait annoncé le discours de Bordeaux, ce premier jalon de la politique impériale, et que des esprits mesquins ou mal intentionnés, tronquant honteusement, voulaient faire descendre presque au-dessous de cette phrase *la paix à tout prix*, qui faisait rougir tout Français digne de l'être.

L'Europe cependant, revenue de la stupeur dont l'avaient frappée les événements de 1848, crut un instant que l'avénement au trône de la dynastie nationale de France n'était qu'un accident et que, après avoir terrassé le mouvement national en Prusse, dans toute l'Allemagne, dans toute l'Autriche à l'aide du Tsar qui se proclamait et qu'on proclamait le défenseur du droit divin, c'est-à-dire de l'oppression et de la conquête, tout ce qui lui restait à faire c'était de se prémunir contre les velléités conquérantes, qu'on supposait héréditaires dans la dynastie napoléonienne. Vaine crainte, dont l'Europe est revenue, mais aussi vaine illusion de croire que l'élu de la France continuerait comme son prédécesseur à ne faire que de la *politique modeste*, afin de se faire agréer par les souverains de droit divin. On n'eut pas besoin de beaucoup de temps pour se convaincre de cette erreur, bientôt les faits suivirent les paroles et le premier à s'en apercevoir fut le tsar Nicolas, le représentant du droit divin, et, pour cela même peut-être, le Nabuchodonosor de l'époque. On vit alors pour la première fois de grandes puissances se liguer pour en protéger une faible, se liguer au nom du droit et prendre pour base l'abstention de toute conquête. La lutte qui s'engagea, sans l'examiner sous le point de vue politique ni militaire, fut grandiose, digne en tout point de sa base. L'homme, l'être moral et intelligent, s'éleva au plus haut point de sa mission et l'armée française, armée nationale par excellence, brilla d'un éclat inconnu jusqu'alors, déployant toutes les vertus du dévouement, de la résignation, de la foi, du sacrifice, de l'abnégation. Les résultats de cette guerre furent tout aussi grands, bien que les esprits vulgaires, pour qui une lutte heureuse ne se traduit que par des provinces enlevées, des contributions imposées, n'y voulussent voir qu'une dépense inutile d'hommes et d'argent. La France n'en jugea pas ainsi, elle comprit son chef, elle s'associa à tous ses désirs, elle lui donna plus de capitaux, plus de soldats qu'il n'en fallait pour vaincre la Russie, rompre le charme de la puissance anglaise et prouver par l'exemple de la Turquie, qu'une puissance qui ne s'appuie pas sur les forces de toute sa population, est une puissance bien près de sa ruine. Cet axiome, Napoléon III l'avait annoncé au monde, lorsque dans son discours au lord-maire de Londres, il dit que la France et l'Angleterre en dehors de leurs armées, de leurs flottes, de leurs richesses, de leur intelligence, étaient fortes surtout parce que tout ce *qui souffrait tournait les yeux vers elles*. Le complément nécessaire, sous-entendu, c'est qu'on ne les tournait pas en vain.

A l'issue de cette grande guerre, les hommes politiques habitués à supputer les profits matériels, ne purent pas comprendre l'opinion instinctive des masses qui acclamaient la grandeur de la France et son triomphe sur ses alliés et sur ses ennemis. Mais comme on connaît mieux la portée des coups qu'on a reçus que de ceux qu'on a donnés, la Russie s'empressa d'acquiescer aux conditions humiliantes qu'on lui faisait pour éviter les conditions désastreuses auxquelles plus tard elle eût été forcée de souscrire. Épuisée d'hommes et d'argent, la Russie prévoyait avec effroi que la prochaine campagne serait transportée non-seulement dans l'intérieur du pays où l'on ne pourrait combattre derrière des murs et dans des conditions exceptionnelles, mais que ce pays serait la Pologne où la puissance des Tsars devait succomber : on préféra donc à Saint-Pétersbourg la honte à la ruine, et on signa la paix de 1856.

L'Angleterre elle-même préféra rester sous le coup d'une infériorité manifeste vis-à-vis de la France plutôt que de continuer la guerre, dans le but de remanier la carte de l'Europe, c'est-à-dire d'émanciper une nationalité, ce qui eût été un échec pour elle et un triomphe pour la France. En effet, bien que l'Angleterre soit libre, bien qu'elle possède une constitution admirable, et surtout et par dessus tout, bien que sa population soit douée d'un sens gouvernemental au-dessus de tout éloge, l'Angleterre, qui sous sa forme monarchique n'est qu'une république, mais une république aristocratique, par là même représente un principe d'oppression et de conquête. De là, sa politique aussi égoïste et jalouse que mesquine et envieuse ; elle ne cessera de l'être qu'au moment où une réforme électorale aura émancipé les masses anglaises et que celles-ci, prenant une part légitime dans le gouvernement, y mettront un peu de leurs sentiments généreux. C'est alors seulement que le gouvernement anglais délivré de son principe aristocratique, résultat de l'oppression, de la conquête, comprendra que l'homme, sans être Anglais, a le droit d'être libre ; et qu'une nation, sans être la fière Albion, a le droit d'être indépendante.

Mais le moment d'une telle réforme n'est pas encore proche ; car la caste qui gouverne l'Angleterre la repousse, elle la repousse malgré l'avertissement reçu en Crimée sur l'infériorité de son organisation militaire, malgré la confirmation de cet avertissement par le terrible soulèvement de l'armée indienne. Les changements dans l'organisation militaire devraient s'attaquer au principe aristocratique; or l'Angleterre, constituée telle qu'elle l'est aujourd'hui, préfère suppléer à son infériorité militaire en prenant à sa solde les vieilles monarchies du continent, plutôt que de porter atteinte à l'organisation actuelle de sa société. Lorsqu'on voit faire à l'Angleterre de tels sacrifices en orgueil national et en fortune publique, on peut, sans chercher d'autres motifs, y voir le mot de l'énigme de sa politique, souvent bizarre et contradictoire, comme aussi la raison de son antagonisme séculaire contre la France.

Si la guerre de Crimée éclaira la Russie et l'Angleterre sur leurs dangers intérieurs, elle les fit apprécier par la Turquie aussi, mais malheureusement pour elle avec aussi peu de succès qu'aux États précités, quoique pour des motifs différents. C'est surtout à l'époque de la paix qu'on reconnut que le danger le plus menaçant pour la Turquie était à l'intérieur bien plus qu'à l'extérieur. Comme le siége de l'empire se trouve en Europe et en contact avec de puissants voisins, c'est presque uniquement de la Turquie européenne qu'il est question. On lui reconnaissait donc, comme danger imminent, d'abord l'administration centrale la plus déplorable, ce qui lui vaut les finances les plus délabrées et une armée qui n'est pas payée ; ensuite des provinces entières soumises par la force, et où la population, souvent en généralité chrétienne, travaillée d'ailleurs par des agents étrangers, supporte impatiemment le joug du conquérant.

L'Empire turc, affaibli par des guerres incessantes à l'intérieur comme à l'extérieur, l'était encore par les réformes qu'on y introduisait, et qui le privaient pour le moment de son ancienne énergie, sans qu'il l'eût remplacée par le développement de nouvelles forces. Dans cet état de choses, les hommes d'État de la Turquie, au lieu de suivre avec énergie la trace des réformateurs de l'empire et de prendre l'initiative dans les affaires, se laissèrent aller à la déplorable habitude de ne pas agir par eux-mêmes, mais de consulter, d'écouter, d'obéir à l'un des quatre ambassadeurs, tout en se défiant des puissances qu'ils représentaient. En effet, les Turcs voient dans la Russie la grosse bête de l'Apocalypse dont l'action, appuyée sur l'or comme sur le fer, leur a été également fatale, commençant à la convention du Pruth en 1711 et finissant par l'incendie de Sinope en 1854; la Russie d'ailleurs étend son influence et convoite les provinces roumaines comme les provinces slaves. L'Autriche n'est à proprement parler que la petite bête de l'Apocalypse, elle est à la Russie dans les proportions de la mission Leiningen à celle de Menstchikoff; ne pouvant plus aspirer à la Moldo-Valachie, l'Autriche est si facile qu'elle se contenterait même de la Bosnie et de l'Herzégovine. L'Angleterre a trop souvent proclamé qu'elle voulait maintenir l'intégrité de la Turquie pour n'être pas crue sur parole; cependant le Turc, tout naïf qu'il paraît être, se souvient que l'Angleterre, lorsque son intérêt parle, pénètre dans l'intégrité de cet empire, et sans plus de façon prend et garde soit Aden, soit Périm ; aussi il la soupçonne fort, de vouloir s'emparer à l'occasion, soit de l'Égypte, soit de Candie, ne serait-ce, dans le premier cas, que pour empêcher le fatal canal de Suez, si menaçant pour la Turquie, et dans le second, pour que cette île ne tombât pas dans les mains insatiables de la France. Il y a encore une chose qui chagrine le Turc à l'encontre de l'ambassadeur anglais, c'est qu'il le voit toujours avec l'infini cortége des marchands, banquiers, fournisseurs, etc., tous faits pour soutirer les dernières ressources du pays et y empêcher toute amélioration administrative, tout développement commercial ou industriel, ce qui réduit l'intégrité de l'empire à son exploitation par les protégés anglais.

La France excite plus de sympathie; mais les hommes d'État turcs la soupçonnent, tantôt de marcher d'accord avec la Russie, afin d'avoir son appui en Allemagne en vue des acquisitions prévues sur le Rhin, tantôt de réveiller chez les populations chrétiennes le souvenir de leur antique nationalité. En outre de ces deux raisons capitales de suspicion, il y a encore des hommes dans le gouvernement turc qui ne peuvent pardonner à la France d'avoir conquis l'Algérie, d'avoir protégé Mehemet-Ali en Egypte et de protéger encore aujourd'hui le Bey de Tunis. Il faut ajouter encore d'autres raisons qui rendent difficile la position du représentant de la France ; s'il n'a pas, comme celui de l'Angleterre, toute une clientèle mercantile à protéger, il doit exercer ce protectorat en faveur de tous les catholiques. Ce n'est pas parce que ceux-ci sont turbulents ou que les Turcs leur sont plus opposés, mais parce que les schismatiques grecs ou arméniens les détestent, et comme ce sont les instruments indispensables des Turcs, malgré le dédain et le mépris dont certains les accablent, ils savent les exciter contre les catholiques et par là contre leur protecteur officiel, l'ambassadeur de France.

Ces quelques mots suffiront à qui voudra approfondir cette situation, combien en Orient toutes les questions se touchent, religion, politique, race. Grecs et Arméniens, schismatiques, pour combattre plus efficacement les catholiques, servent d'agents à la Russie. Les protestants anglais, les méthodistes américains, ne pouvant pas faire de prosélytes, se vengent de leur infériorité en luttant contre les catholiques et en desservant la France qui les personnifie. Pour achever le tableau, il faut dire encore que depuis un certain temps, on avait tellement habitué l'Europe à voir jouer à la France un rôle secondaire dans la politique, qu'aujourd'hui encore, lorsqu'on voit prendre à son représentant une attitude plus ferme, on ne suppose pas qu'il y persiste ou qu'il ne soit pas désavoué. En effet, à Constantinople douze ou quatorze représentants français se sont brisés pour avoir voulu lutter contre lord Stratford, qui n'a succombé, comme on le sait, que pour s'être vanté de faire essuyer, à l'influence française, *un nouveau Waterloo* dans la question moldo-valaque. On n'en finirait pas si l'on voulait énumérer ensuite toutes les petites causes qui paralysent l'influence française à Constantinople. Cela dépend beaucoup, chez le chef de mission, du caractère national. Or, on le sait ordinairement franc, mais sans art ; bon, mais irritable ; actif et indolent, confiant et présomptueux, et tout cela mis au service d'un drogman qui, plus ou moins estimé et estimable, mâté à des intrigues intérieures, fait épouser ses querelles, ses sympathies et ses antipathies par son chef, comme des affaires d'un intérêt politique.

En outre, malheureusement, il n'y a pas de pays où l'on n'ait plus écrit qu'en France sur la question appelée vulgairement question d'Orient, et où elle soit moins connue. On l'y connaît beaucoup moins qu'en Russie, qu'en Autriche et même qu'en Angleterre : or, comme si c'était pour justifier que c'est en France que cette phrase a été inventée : *Mon siége est fait*, il ne faudrait pas s'aviser d'apporter un renseignement quelconque à un homme d'État ou à un publiciste français, sur une question qu'il croit connaître, il n'écouterait pas, il ne se rendrait pas même à l'évidence brutale des faits.

Les tiraillements que faisait éprouver à la politique turque l'influence des quatre puissances européennes, apparut au grand jour dans l'organisation et semi-émancipation de la nationalité roumaine dans les principautés du Danube. Ici, comme dans les autres questions, souvent vitales pour l'Empire turc, ses hommes d'État, au lieu de prendre l'initiative, de trancher la difficulté, d'aller à sa rencontre, préférèrent ergoter, chicaner se laisser appuyer par leurs ennemis traditionnels et, après avoir usé de tous les moyens dilatoires, après avoir mécontenté les amis, montré la faiblesse de l'Empire à tous ses sujets, notamment à la population des Principautés, danubiennes, finirent par accepter forcément comme fait accompli, ce qui, accordé spontanément, eût provoqué de la part de ces mêmes populations le sentiment d'une vive reconnaissance.

En effet, une fois la question des Principautés évoquée devant le tribunal européen, le gouvernement de la Turquie devait prévoir quelle en serait l'issue. Il fallait donc la devancer en cherchant un arrangement direct et le plus avantageux aux deux partis. On eût évité le fatal appui de l'Autriche, fatal, car il est aussi faux qu'il est faible ; on eût surtout évité le dissentiment qui éclata alors et ne fit que grandir depuis entre la France et l'Angleterre. Or, si l'alliance anglo-française est précieuse au monde, car elle lui assure la paix et les progrès de la civilisation ; si elle est précieuse à tous les faibles dont elle assure l'indépendance, cette alliance est surtout précieuse à la Turquie dont elle sauvegarde l'existence et où elle acquiert une nouvelle consécration ; car sur ce terrain tout concourt à la consolider et aucun intérêt majeur ne la combat. C'est avec intention qu'on s'est arrêté davantage sur ces remarques rétrospectives ; car si les négociations au sujet de la question roumaine et leur solution sont devenues de l'histoire, il n'en est pas moins vrai que l'Empire turc recèle dans son flanc d'autres questions analogues et non moins graves, auxquelles ces remarques pourraient être appliquées avec la même vérité.

La question des Principautés danubiennes fera époque dans le droit diplomatique international. Pour la première fois, on reconnut aux populations le droit d'exprimer leurs vœux, et pour la première fois la force matérielle s'inclina devant la force morale. Comme si ce n'était pas assez, la force matérielle ayant pour elle la lettre du droit, recula devant l'esprit de ce droit, et l'Europe entière, après avoir stipulé que la Valachie et la Moldavie ne formeraient pas un seul État, acquiesça au verdict national des représentants de ce pays qui, à l'unanimité, acclamèrent pour souverain unique le prince Jean. Il est vraiment étrange de voir comment les premiers diplomates de l'Europe, représentants du vieux droit, du droit dynastique, du droit divin, consentirent à l'introduction dans leur castel féodal du droit du suffrage universel, de cette terrible machine de guerre d'une portée bien plus grande et plus précise que celle de n'importe quel canon rayé. La brèche une fois faite, elle s'élargit de plus en plus ; bientôt élevé à la hauteur d'un principe, le suffrage universel représente aujourd'hui la nationalité, la liberté, comme le droit divin personnifie la conquête et l'oppression. Sa dernière consécration, le suffrage universel l'a reçue dans ce discours comme l'Empereur seul en sait faire, car seul il peut le faire, s'adressant *urbi et orbi*, lorsqu'il dit que l'intérêt français est partout où il y a *une cause juste et civilisatrice* (1) à soutenir. Un long frémissement de l'Europe entière accueillit ces paroles : nul ne s'y trompa, et si d'un côté elles réveillèrent les susceptibilités diplomatiques des cabinets les plus endormis, de l'autre elles firent naître des espérances chez les peuples qui paraissaient même le plus résignés à leur joug. Aussi bientôt on vit surgir à l'horizon la question d'une nouvelle nationalité, celle de l'Italie.

D'après le droit européen tel que l'a constitué le congrès de Vienne, cette nationalité n'avait été ni reconnue, ni garantie. On s'était occupé des Sardes, des Napolitains et d'autres habitants d'États souverains qui composaient la presqu'île italiénne, jamais il n'avait été question des Italiens. Mais l'esprit est plus fort que la lettre, et malgré toutes les péripéties de l'histoire contemporaine, malgré l'assertion du prince de Metternich, ce ministre de la vieille Autriche par excellence, que l'Italie n'était qu'une *expression géographique*, sa population versant son sang maintes et maintes fois, finit enfin par faire comprendre à l'Europe qu'elle était *une* nationalité, bien que soumise et partagée entre différentes souverainetés. Le Piémont, qui eut le bonheur d'avoir à ce moment pour roi un homme que son courage et le sentiment patriotique désignaient pour chef à toute l'Italie, entra franchement dans la lice. Charles-Albert, malgré de nombreux liens de famille, comprit que pour marcher dans cette voie, il devait rompre avec l'Autriche et s'appuyer sur la France. Il le fit avec d'autant plus de mérite que dans un conseil des ennemis francs de l'Autriche, on l'avertissait de ne pas compter sur la France, car on n'était plus habitué à la voir peser dans la balance de l'Europe.

Pour apprécier à sa juste valeur cette assertion, il faut se reporter au moment où le roi Charles-Albert, dotant son pays d'une constitution, ouvrit l'ère de la régénération de l'Italie. Bientôt à la suite de ce grand mouvement des peuples de 1848 qu'on peut comparer à l'époque de la transformation sociale qui suivit la

(1) Discours de l'Empereur, 7 février 1859.

chute de l'Empire romain, Charles-Albert changea la plume qui avait rédigé le *statut organique*, contre le glaive. Si la fortune ne couronna pas ses efforts, il n'éleva pas moins les assises de l'indépendance de l'Italie, et laissa à son glorieux et heureux successeur, un exemple et des traditions à suivre. En effet, l'histoire dira peut-être un jour comment le roi Charles-Albert, appréciant l'inimitié forcée de l'Autriche contre l'Italie et profitant de l'insurrection hongroise, envoya des missions auprès des Magyares, comme auprès des Serbes et des Croates, pour les amener à une entente entre eux, entente basée sur le démembrement de l'Autriche.

Les événements ne répondirent pas aux prévisions; mais le calcul était juste, puisque le grain semé alors produit les beaux fruits d'aujourd'hui. Aussi au congrès de Paris, le plénipotentiaire du Piémont, ne pouvant pas s'appuyer sur le droit diplomatique, mais fort du droit que lui donnait le sang versé par son pays pour la cause italienne, souleva la question de cette nationalité.

Une assemblée légale ne put point permettre qu'on traitât devant elle une cause qui, légalement, n'avait pas le droit de se faire écouter. On crut peut-être qu'en la repoussant on la faisait disparaître ; par contre, la nationalité polonaise avait pour elle le droit diplomatique ; mais comme elle n'avait pas de champion, malgré la conscience publique, l'aréopage européen ne s'en occupa pas, afin de ne pas évoquer ce fantôme, la terreur de ceux qui cherchent à le faire disparaître. Qu'arriva-t-il? les résultats ne sont pas venus justifier les prévisions diplomatiques, du moins quant à la question italienne. Dès le commencement de 1859, elle prit de telles proportions, l'affaire de la nationalité roumaine n'étant pas encore résolue, que pour la résoudre, on chercha à réunir un nouveau congrès européen. Vains efforts, le principe de nationalité ne pouvait plus être traité par ceux qui n'avaient pas l'instinct de le comprendre, d'ailleurs l'Autriche, ce représentant incarné du principe de l'oppression, acculée dans ses derniers retranchements, à bout de ressources et de moyens, voyant grandir à l'in-

térieur comme à l'extérieur les forces du principe ennemi, se décida à jouer son va-tout. Le monde connaît les résultats de cette
lutte gigantesque, mais surtout prodigieuse par ses résultats,
incroyable par ses phases militaires et politiques. En effet, on ne
comprendra pas comment, dans l'espace de quatre semaines, l'armée autrichienne, une des meilleures de l'Europe, sans avoir laissé
entre les mains du vainqueur de grands trophées militaires, comme
sait s'en assurer le génie de la guerre, a été battue, anéantie ; et
que l'Autriche, puissance du premier ordre, au bout d'une lutte
aussi courte, a été complétement à la merci de son vainqueur ;
oui on ne comprendra pas cette énigme, si l'on n'admet pas
que le criterium de la solution est la lutte du principe de nationalité contre celui de la conquête. L'Empire autrichien, l'armée
autrichienne, valeur d'autrefois, pouvaient résister à Napoléon Ier,
représentant lui aussi du principe de la conquête; mais cet Empire
ne pouvait lutter avec l'empereur Napoléon III, représentant de
la nationalité ; l'armée autrichienne, machine de guerre, résultat
de la discipline et de bons cadres, ne pouvait pas se mesurer avec
l'armée française, armée nationale, pleine d'élan, de dévouement
et d'intelligence individuelle.

Plus la lutte se prolongeait et plus l'issue devenait menaçante
pour l'Autriche : il ne s'agissait plus d'une humiliation ou de la
perte d'une province, l'existence même de l'Empire était mise en
question. Aussi l'Autriche à Villafranca, comme la Russie à Sé-
bastopol, s'empressa-t-elle de conclure la paix, afin que le vainqueur ne portât pas la guerre en Hongrie, comme il aurait pu la
porter de Crimée en Pologne. On ne serait peut-être pas bien loin
de la vérité, en supposant que l'arrivée du comte Schouvaloff à Va-
leggia rendit à l'Autriche le même service que celle-ci avait rendu
à la Russie en provoquant les conférences de Paris sur les quatre
propositions. Quoi qu'il en soit, pour résumer la situation de l'Europe, il suffira de se rappeler les paroles adressées à Saint-Cloud
au corps diplomatique par lesquelles l'Empereur relevait l'injuste
défiance de l'Europe à son égard.

En effet, il est curieux de se rappeler quelle était l'attitude que prenait tour à tour l'Europe pendant que la lutte s'apprêtait et s'ouvrait en Italie. En Angleterre, le cabinet tory déclara, en arrivant au pouvoir, que sa première préoccupation avait été de calmer des susceptibilités qui auraient pu amener une rupture avec la France. Cependant ce même cabinet, à peine débarrassé du danger qui menaçait l'Angleterre dans l'Inde par la révolte de son armée des cipayes, tandis que la France s'était comportée durant toute cette crise en loyale alliée, se montra de plus en plus hostile à la politique française dans les difficultés qui commençaient à surgir à l'occasion de la question italienne. L'Angleterre, qui se pose ordinairement en champion de la liberté, qui depuis longtemps exploitait les aspirations des Italiens vers la liberté, qui y employait des agents plus ou moins accrédités, car on n'a pas oublié les rôles qu'y jouèrent dans le temps et lord Minto et M. Gladstone, l'Angleterre abandonna l'Italie, déclarant hautement que cette cause ne valait ni une goutte de sang, ni un schelling de subside. Le congrès proposé, avec la mollesse qui est le cachet de la politique actuelle de l'Angleterre, n'ayant pas abouti, les relations entre son gouvernement et celui de la France se tendirent tellement que, pour éviter une rupture, les ministres anglais furent renversés par un vote du Parlement : nouvelle preuve que la nation anglaise ne veut pas de guerre avec la France.

Cependant qu'arriva-t-il au nouveau cabinet nommé comme on vient de le voir pour arrêter les vues hostiles du précédent, c'est qu'il entra dans la même voie d'hostilité contre la France, et qu'il déploya la même faiblesse en politique. C'est alors qu'apparurent toutes ces inconséquences qui dénotent une politique caduque, hargneuse et impuissante : de là ces bouderies après la paix de Villafranca, pendant les conférences de Zurich ; ces excitations de l'Italie avant et après l'annexion de la Toscane, de la Romagne et des duchés : ce travail haineux en Suisse après la réunion de la Savoie : enfin ces manifestations provoquantes, si elles

n'étaient ridicules, tant dans le Parlement que dans certaines classes du pays. Il paraît que, pour se rendre compte de ces contradic-
tions, il faut admettre qu'en Angleterre, comme dans les autres
États, les classes inférieures mûrissent, aspirent à leur émancipation, et qu'il y a lutte entre ce qu'on pourrait appeler l'Angleterre
gouvernementale et l'Angleterre nationale. Si l'on admettait ces
dénominations, car les distinctions existent positivement, on dirait
donc que l'Angleterre gouvernementale exhale contre la France
d'autant plus violemment sa haine, que cette haine n'est pas partagée par l'Angleterre nationale, et, qu'ayant montré son impuis-
sance militaire en Crimée, ayant obéré les finances de l'État par
la déplorable gestion des affaires de l'Inde, à cause de l'intérêt des
cadets de famille, elle les ruine en voulant jouer aux soldats et
aux fortifications, qu'enfin elle se sent arriver à sa période de dé-
croissance où elle sera forcée de céder la place à l'Angleterre
nationale, c'est-à-dire que l'opinion des milliers sera remplacée
par celles des millions.

Ne pourrait-on pas citer à l'appui de cette assertion que le der-
nier Parlement, qui paraissait devoir apporter au pays une nouvelle ère de liberté par l'amélioration de la loi des élections, a vu
même retirer le projet de cette réforme par son auteur, membre
influent du cabinet. Le traité de commerce fait avec la France,
les mesures financières qui en découlaient, furent salués, à part
quelques intérêts personnels froissés, par une adhésion générale
dans le pays et confirmés par la Chambre des communes: la Chambre des lords y fit opposition. Telle est la ténacité de l'esprit de
caste, que la Chambre des lords préféra voir les Communes em-
piéter sur ses droits, plutôt que de donner raison à des mesures
auxquelles elle supposait une tendance émancipatrice des
masses.

Après l'Angleterre c'est la situation de l'Allemagne qui est
à considérer et qui est difficile à comprendre, car ici encore se
montrent le sentiment national et l'oppression de la liberté, entre-
mêlés de l'ambition des uns et de la défiance, si ce n'est de la

peur des autres. L'Allemagne ayant en soi tous les éléments
d'une grande nationalité, se trouve paralysée par une masse de
petites souverainetés : c'est le géant dont les pygmées se sont
emparés pendant son sommeil, et qui l'exploitent à leur profit.
Mais pour augmenter les difficultés, au milieu de cette fédération
de petites souverainetés, il y a la Prusse et l'Autriche, puissances
de premier ordre, rivales entre elles et faisant graviter les autres
autour de ces deux centres. La Prusse, plus homogène et plus libérale, convient mieux aux aspirations nationales de l'Allemagne,
dont les divers peuples désireraient former une unité sous la direction prussienne. De son côté l'Autriche pèse dans la balance, car
elle est plus puissante; mais, État hétérogène, par là même ne pouvant pas être libérale, d'ailleurs, conservatrice par tradition, elle
est antipathique aux populations de l'Allemagne, mais à cause
de cela même elle groupe autour d'elle presque tous les petits
souverains qui, comme on le voit, sont menacés d'un côté par les
tendances nationales d'unité et de liberté des peuples, et de l'autre par l'ambition de la Prusse ; comme elle n'est pas assez puissante pour pouvoir imposer l'unité à l'Allemagne, on la suspecte
de chercher, pour arriver à ce résultat, l'appui de la France.

Or, comme d'après les règles de la vieille école diplomatique,
l'intérêt des nations était considéré pour rien, que l'on ne s'y gui-
dait que par le système de l'arrondissement et des convenances
territoriales, la puissance des États ne s'y évaluant que par l'é-
tendue du terrain, le nombre de ses habitants, et non par leur
cohésion, par leur dévouement et leur patriotisme, qualités morales, par conséquent inconnues à cette traditionnelle diplomatie, on supposait que la Prusse ne pourrait compter sur l'aide
de la France qu'en lui abandonnant les bords du Rhin. Cette
idée ayant une apparence de réalité, d'ailleurs basée sur le
passé de la France impériale, fut adroitement exploitée par les
ennemis de celle-ci et en même temps ennemis de l'émancipation
de la nationalité allemande. On vit donc d'abord tous les petits
souverains de l'Allemagne s'agiter, mettre en campagne toute

leur presse soudoyée, et prêcher, dès l'ouverture de la guerre d'Italie, une véritable croisade contre la France. Comme on la représentait conquérante, bientôt le sentiment national s'en émut et se prononça avec une si aveugle violence, qu'il força la Prusse, pour ne pas perdre sa popularité allemande, à prendre vis-à-vis de la France une attitude menaçante. C'est ainsi qu'il arrive que les peuples excités dans leurs passions par des déclamations hypocrites, servent leurs ennemis et reculent eux-mêmes l'heure de leur émancipation. En 1859, on l'avait déjà vu en 1848, l'opinion nationale allemande se laissa égarer et alla servir, contre elle-même, es intérêts égoïstes des souverains. En 1859 cette opinion fraternisait avec les aspirations vers l'émancipation nationale de l'Italie, car tout membre de la famille des nationalités délivrées est une garantie pour la liberté, plus ou moins prochaine, de ceux qui y aspirent, comme en 1848 elle fraternisait avec le mouvement national polonais. Le passage des premiers émigrés polonais venant de France, fut une marche triomphale à travers l'Allemagne ; on n'a pas oublié leur réception à Cologne, on n'a pas oublié qu'à Hanovre le gouvernement vint demander à l'illustre chef de ces proscrits son aide pour calmer l'enthousiasme populaire. Eh bien! quelques semaines après, on ouvrait des souscriptions dans les rues pour armer des volontaires, les Polonais s'organisaient militairement, sur l'appel du roi de Prusse. En 1859, les passions nationales aveuglées par la presse aux gages des petits souverains allemands, oubliant que les Français seuls versaient leur sang pour émanciper cette Italie, que l'Allemagne avait désiré aussi ardemment voir libre, se tournèrent contre eux avec un acharnement incroyable. Double profit pour les petits princes de l'Allemagne ; leur patronne l'Autriche sauvée ; la nationalité allemande brouillée avec ses alliées naturelles, la France et l'Italie, et suspectée par les nationalités souffrantes, la Pologne et la Hongrie.

La situation de la Russie est plus facile à tracer : en dehors de la Pologne, la Russie, malgré le despotisme gouvernemental, ne fait qu'un tout avec son chef. Cette harmonie cependant semble s'altérer depuis quelque temps : d'un côté, le souverain veut émanciper les serfs et s'appuyer sur eux ; de l'autre, la nation elle-même comprenant le joug qui l'opprime, manifeste des désirs d'émancipation. Ce qui rend cette situation plus menaçante, c'est que le souverain investi d'un pouvoir discrétionnaire n'est à la hauteur ni de sa position, ni des difficultés qui l'entourent. Sans entrer dans de plus grands détails, d'ailleurs étrangers à l'objet que l'on se propose de traiter ici, il suffira d'indiquer que la guerre de Crimée a ruiné les finances russes, désorganisé l'armée et signalé dans la haute administration une corruption inouïe. D'ailleurs, cette guerre ayant prouvé à l'Europe que la puissance actuelle de la Russie n'est qu'une fantasmagorie habilement exploitée, le prestige s'est évanoui, et pour masquer sa défaite, pour pallier le rôle secondaire qu'elle occupe depuis le traité de Paris de 1856, elle a été obligée de proclamer qu'elle *se recueillait*. Pour sortir de cette fausse position, il paraît que le cabinet de Saint-Pétersbourg donna à la France en 1859, certaines assurances contre les armements éventuels que pourrait faire l'Allemagne; or, lorsque ces armements prirent une sérieuse apparence, la Russie retira ses assurances données. Il n'en pouvait pas être autrement, tant qu'il y aura en Europe des puissances basées sur la conquête ou sur la féodalité, c'est-à-dire sur l'oppression, dès qu'elles se trouveront en présence d'un État représentant et agissant au nom du principe rival, la nationalité, toujours elles mettront de côté leurs griefs particuliers pour se grouper et marcher d'un sincère accord contre l'ennemi commun. Elles le nomment *révolution*, afin d'en venir plus facilement à bout, tâchant de le perdre par là dans l'esprit de leurs trop crédules et trop inintelligentes populations.

L'esprit officiel étant ainsi préparé en Europe, on ne fut pas surpris de voir que le congrès qui devait se réunir, pour aplanir les difficultés que la paix de Villafranca et les conférences de Zurich n'avaient pu terminer, fut ajourné indéfiniment. Mais pendant que la diplomatie hésitait, boudait, perdait du temps, l'esprit du siècle, le génie des nationalités, marchait hardiment, gagnait du terrain et de nouvelles forces. En effet, c'est à son inspiration que l'on doit que toute l'Italie centrale et les Romagnes, après avoir été bouleversées à la vue de la lutte, dont l'enjeu était la résurrection de la patrie italienne, sortirent victorieuses de cette épreuve, acclamant par un vote solennel du suffrage universel, ce verdict de la conscience des nations, leur union avec le Piémont. La vieille Europe, cette chose des dynasties qui, abusant de l'ignorance des peuples, se faisaient passer pour issues du droit divin, tandis qu'elles n'ont d'autre origine que la force brutale ou la fraude politique, la vieille Europe comprit alors tout le danger dont la menaçait le suffrage universel inauguré en France et accepté inconsidérément par la diplomatie pour être exercé dans la Moldo-Valachie. Sans les grandes questions qui d'un côté bouleversent et de l'autre régénèrent la société politique de l'Europe, la question de l'annexion de la Savoie à la France serait passée probablement inaperçue si deux motifs ne la signalaient à l'attention générale.

Le gouvernement impérial ne se contenta pas de traiter avec le cabinet de Turin pour obtenir de lui la cession de cette province, mais il en appela aussi au suffrage universel, voulant que cette cession fût ratifiée par la volonté de la population que cette transaction intéressait. Et c'est à cette occasion que le ministre des affaires étrangères de France introduisit dans le droit international, le droit du suffrage universel, en disant que ce droit était en France la base de la légitimité nationale. C'était traduire dans un langage diplomatique, la phrase dite à une autre occasion par un ministre français à Berlin : « Ne poussez pas l'Empereur, car sa dynastie pourrait devenir la plus ancienne en Europe. » Le second motif qui attirait l'attention publique sur la question de l'annexion de la Savoie à la France, était que ce pays laissé à la France par le traité de Vienne, lui fut enlevé, à la suite de la catastrophe de Waterloo, par celui de Paris en 1815.

Or la France, en réoccupant la Savoie, effaçait la honte de sa défaite, affranchissait sa politique vis-à-vis de l'Europe : comme le souvenir de Waterloo est d'autant plus cher à l'Angleterre, que depuis la guerre de Crimée sa puissance, militairement et diplomatiquement, avait singulièrement pâli, c'est en Angleterre qu'on poussait le premier cri d'alarme. L'Autriche et la Russie, pour une raison ou pour une autre, se recueillaient, ayant d'ailleurs le même motif, la défaite ; mais la Prusse et la Suisse se firent les échos des alarmes britanniques. La Suisse semble n'avoir pas eu d'autre raison ; mais la Prusse crut voir, sincèrement ou non, dans l'annexion de la Savoie, une menace contre la possession de ses provinces rhénanes. On peut supposer, qu'après les assurances données par la France, les appréhensions de la Prusse n'étaient pas sincères, mais elle les simulait pour se rendre populaire en Allemagne ; détournant par là de soi les colères démocratiques pour les diriger contre la France et, assoupissant les méfiances des petits souverains allemands au sujet des vues de son futur agrandissement, elle se posait comme le bouclier de l'Allemagne contre un envahissement présumé de la France. L'Europe n'est pas encore revenue de l'étonnement que lui causa la fièvre belliqueuse de la Suisse, de la Prusse et surtout de l'Angleterre.

Rien ne put calmer ce funeste sentiment, ni les assurances du gouvernement français données à celui de Berne, ni une lettre de l'Empereur à son ambassadeur à Londres rendue publique, ni même la réunion des souverains de l'Allemagne à Bade, provoquée jusqu'à un certain point par l'empereur Napoléon. L'histoire racontera un jour comme un trait caractéristique de l'époque, que le souverain de la France, cet envahisseur présumé, après avoir tenté de rassurer l'Europe sur ses intentions, joignit les faits aux paroles, et, après avoir licencié une partie de son armée, entreprit un voyage à travers ses États, visita les provinces nouvellement réunies à la France, traversa la mer, salua le berceau de sa glorieuse dynastie, donna à la belle colonie d'Alger le spectacle étonnant d'être entouré par le respect des souverains africains ses voisins et de la population indigène. Il est vrai qu'entouré partout de la pompe d'un triomphateur, il en tint le langage, soit lorsqu'envoyant ses troupes au secours d'une population victime d'un aveugle fanatisme, il disait « qu'en voyant passer « devant le drapeau de la France, les nations savent qu'il y a « une grande cause qui le précède, un grand peuple qui le suit; » soit que calmant les appréhensions de la métropole de l'industrie française, il prononçait ces mémorables paroles : « Les injustes « défiances excitées hors de ces frontières, comme les alarmes « exagérées des intérêts égoïstes à l'intérieur, me trouvent in- « sensible : » soit que traçant l'avenir de la première cité maritime de France, il donnait le secret de la puissance des États aujourd'hui : « C'est l'union intime entre le peuple et le souverain qui « fait notre force à l'intérieur comme à l'extérieur ; » soit enfin qu'inaugurant une ère nouvelle pour la colonie, il donnait sur cette terre naguère barbare, cette sublime définition de la civilisation : « C'est compter le bien-être pour quelque chose, la vie de « l'homme pour beaucoup, son perfectionnement moral pour le « plus grand bien. » Ce langage noble et hautain, ce langage *urbi et orbi*, l'Empereur peut le tenir; car, représentant du principe de la nationalité, il a la conscience de son triomphe.

En attendant, que faisaient ses rivaux, les représentants de ce qu'on appelle le droit divin, inféodé à l'oppression basé sur la conquête. Mettant de côté et la fermentation, factice des habitants d'outre-Rhin et les manifestations plus ou moins malséantes des fiers républicains de l'Helvétie, même les velléités belliqueuses des fils réfléchis de la libre Albion avec les philippiques prononcées dans son Parlement, il est impossible de ne pas chercher à se rendre compte du mouvement inaccoutumé qu'on vit surgir parmi les souverains de l'Allemagne. Alarmés par la présence et le prestige qu'exerça à Bade l'empereur Napoléon, s'ils furent rassurés par le langage timoré du prince-régent de Prusse, ils résolurent de tirer parti de son caractère irrésolu et de sa politique hésitante. A cet effet, on demanda des gages au prince-régent de ses paroles peu amicales pour la France, et ces gages furent trouvés dans un rapprochement avec l'Autriche. Il faut avouer qu'autant cette politique de la part des souverains était habile, autant le cabinet de Berlin est à plaindre de s'être laissé prendre à ce piége. Non-seulement la Prusse en agissant ainsi le faisait dans le moment le plus inopportun, l'Autriche se trouvant moralement et matériellement affaiblie et en outre sous la menace imminente de bien plus grands dangers ; mais ce qui était encore plus préjudiciable aux intérêts prussiens c'est que ce rapprochement de l'Autriche, puissance conservatrice, faisait perdre à la Prusse tout le prestige que la croyance dans son libéralisme lui faisait exercer sur les populations de l'Allemagne. On ne doit pas oublier que ce procédé, après l'entrevue de Bade, n'était pas courtois pour la France ; les relations politiques durent s'en ressentir. Le rapprochement entre la Prusse et l'Autriche fut donc scellé par la réunion des deux potentats de l'Allemagne à Tœplitz. On ne connaît pas positivement le résultat des conférences : il est même probable que rien de positif n'y a été arrêté, mais une défiance genérale se répandit en Allemagne contre les tendances libérales du prince-régent. La société nationale de Cobourg, organe plus ou moins réel des aspirations nationales des populations allemandes, s'exprima à cet égard avec mesure il est vrai, mais toujours avec une certaine vigueur. La Prusse se trouva tellement jouée qu'elle n'obtint même pas l'acceptation de l'organisation militaire qu'elle proposait aux autres États de la confédération. Mais une fois entrée dans cette voie, sentant son isolement, s'apercevant peut-être des dangers que pourrait lui faire courir son rapprochement avec l'Autriche, la Prusse redoubla d'efforts pour rétablir l'ancienne intimité entre l'Autriche et la Russie. Celle-ci y consentit, non sans avoir donné le change à une certaine portion de l'opinion diplomatique, dont elle avait besoin pour ses desseins en Orient. La Russie ne pouvait faire autrement que de se rapprocher de l'Autriche sur les instances de la Prusse, non-seulement parce que ces puissances sont liées entre elles par le pacte infernal du démembrement de la Pologne, et qu'en face de l'apparition du principe de la nationalité elles se sentent le devoir de reconstituer l'ancienne Sainte-Alliance; mais surtout parce qu'en agissant ainsi, la Russie se rendait agréable à la Prusse et espérait l'être à son alliée l'Angleterre.

Or, pour la diplomatie russe, la question capitale est d'empêcher ou de dissoudre une alliance anglo-française. Sous le roi Louis-Philippe elle est arrivée à ce résultat, et la Russie devint l'arbitre de l'Europe ; la question d'Orient réunit la France et l'Angleterre, et la Russie, mutilée dans la mer Noire, pour ne pas avouer sa chute, a dû annoncer au monde, qu'elle remplissait peu auparavant de ses prétentions, qu'elle se *recueillait :* pauvre pécheresse convertie ! Voilà ce qu'était ce recueillement : avertie par la leçon que lui avait value la violence du tzar Nicolas, la politique russe revint à ses traditions contre la Turquie, elle se remit à la miner clandestinement, inondant les provinces chrétiennes slaves, d'agents et d'écrits séditieux. A ces braves et honnêtes populations, surtout aux Bulgares, on faisait accroire que la dernière guerre n'avait été entreprise par la Russie que dans leur intérêt et que, vaincue par toute l'Europe, elle n'en avait pas moins forcé le sultan à la publication du Hatti-Houmayoun, ajoutant fallacieusement, qu'en aidant l'armée russe, la Bulgarie eût pu obtenir les concessions dont jouissent les Principautés danubiennes.

Les personnes qui connaissent ces contrées, qui savent combien l'administration locale est nonchalante et arbitraire, et le haut clergé rapace, comprendront d'un côté, la condition des habitants; de l'autre, combien les perfides conseils de ces agents devaient être accueillis et que de passions violentes ils devaient soulever. En Serbie, le langage était autre : on y excitait à demander à la Porte l'exécution d'anciennes promesses, l'évacuation du pays par la population turque; enfin, la reconnaissance, d'après l'ancien firman accordé en 1830, de l'hérédité princière dans la famille régnante. Un séjour de quelques semaines à Belgrade, du prince

Dolgorouky, eut pour résultat que le gouvernement serbe, sûr de l'appui de la Russie, envoya à Constantinople une députation demander au gouvernement turc d'acquiescer aux vœux des Serbes. Leur députation ne fut même pas accuellie par la Porte ; l'ambassadeur russe s'intéressa médiocrement au succès de la mission, et cela devait être, car plus on semait de désordre entre le souverain et le vassal et plus il y avait de profit pour la Russie.

Aussi, à peine les députés serbes furent-ils rentrés dans leur pays, qu'une fermentation générale se fit sentir, tant en Serbie qu'en Bulgarie et en Bosnie. La preuve que cette fermentation se rattachait à l'action des agents russes et notamment au séjour du général Dolgorouky à Belgrade, c'est qu'aussitôt qu'elle se fut produite, le général Gortchakoff en saisit le corps diplomatique à Saint-Pétersbourg. Appuyant sur la gravité des faits, le ministre russe demanda aux représentants des autres puissances, convoqués, à l'exception de celui de la Turquie, en une espèce de conseil, de transmettre à leurs cours respectives cet état de choses et de provoquer une enquête européenne. Il ne faut pas se le dissimuler, le piége était habilement tendu : on ne comprit pas sur-le-champ qu'accepter la proposition russe, c'était pour l'Europe vouloir jouer le rôle de la mission Mentchikoff, moins la brutalité des formes. Heureusement pour l'honneur de la diplomatie européenne, le sens droit ottoman l'empêcha pour la seconde fois de commettre une faute grossière. Ainsi qu'à Vienne, en 1855, le mémorandum de Rechid-Pacha ouvrit les yeux aux diplomates sur la portée des propositions qu'ils voulaient faire accepter par la Porte, et maintenant, la volonté du sultan a tranché toutes les difficultés soulevées par l'insidieuse demande du général Gortchakoff, en donnant l'ordre au grand-vizir de parcourir toutes les provinces européennes de l'empire et d'y faire une enquête sur l'état des esprits et sur les griefs que les populations pourraient présenter.

Cependant, au milieu de cette préoccupation générale des esprits, deux nouveaux faits s'étaient produits sur l'horizon politique. Véritables grains à peine aperçus, ils grandirent rapidement, présageant une terrible tempête. Ce furent les massacres de Syrie et la descente de Garibaldi en Sicile. Pour ne pas interrompre les observations que font naître les événements qui se passent en Italie et qui préoccupent toute l'Europe, il faut d'abord résumer les malheurs des populations chrétiennes en Syrie, en tant qu'ils se rattachent à la politique générale européenne. Il serait d'autant plus hors de propos de vouloir examiner et rechercher les causes qui provoquèrent et accompagnèrent les massacres des chrétiens dans le Liban et à Damas, qu'une commission internationale mixte en est chargée. D'ailleurs, la lettre du sultan à l'empereur Napoléon et à la reine Victoria prouve qu'il n'y a pas de doute sur les victimes et sur les criminels : l'envoi d'un commissaire extraordinaire turc, accompagné d'une force armée, faisait espérer un prompt châtiment pour les méfaits passés et une garantie sérieuse contre la possibilité de leur retour. Mais, comme en toutes choses, le gouvernement ottoman mit à l'exécution de ses bonnes intentions à l'égard des populations chrétiennes du Liban, une telle lenteur, que les massacres de Damas vinrent donner à l'Europe une nouvelle émotion d'horreur. En France, on la ressentit plus vivement encore, et le gouvernement impérial déclara alors qu'il enverrait en Syrie des troupes pour protéger efficacement ceux que son pavillon ne couvrait plus suffisamment.

C'est à ce moment où des milliers de victimes étaient tombées, où des milliers d'autres, sauvées uniquement par l'héroïsme d'Abd-el-Kader, ce musulman vrai croyant, étaient menacées, que la jalousie d'une politique aussi égoïste qu'impuissante vint soulever des difficultés diplomatiques. L'Angleterre, abritée derrière la Turquie, lui faisait refuser l'autorisation de laisser venir les Français en Syrie, tantôt au nom de sa souveraineté, tantôt au nom du principe de non-intervention, tantôt enfin au nom de l'intégrité de l'empire reconnue par l'Europe. L'Angleterre, servant ses vues d'hostilité contre la France, accréditait que la philanthropie française n'était que la soif des conquêtes, que la Syrie serait annexée comme la Savoie et Nice. L'Angleterre, en répandant ces soupçons contre l'ambition de la France, soulevait et attirait contre elle les craintes et les haines des Suisses, des Allemands et des Belges. Pour prouver combien chacun était bien dans son rôle, il suffira de se rappeler que, tandis que l'Angleterre excitait contre la France les susceptibilités non-seulement de la Porte, mais celles de l'Europe entière, taxant d'intervention, presque de prise de possession, l'expédition française de Syrie, la Russie trouvait que ce n'était pas assez. Elle voulait qu'à l'explosion de troubles dans les provinces de la Turquie d'Europe, les autres puissances pussent également y envoyer des troupes. Après de longs pourparlers, de longs délais, on finit par céder à l'énergique volonté de l'empereur Napoléon, et les troupes françaises partirent pour la Syrie. On limita leur nombre, on stipula que les autres puissances y enverraient un contingent égal à celui de la France. Qu'advint-il de toutes ces velléités hostiles pour lesquelles la France éprouve le même dédain que son souverain, c'est qu'il n'y a en Syrie jusqu'ici que des Français. Il faut cependant qu'on reconnaisse à la fin cette vérité, que pour se battre il faut avoir des troupes et de l'argent pour les payer.

Les événements de la Syrie remirent, sinon dans les cabinets, au moins dans l'esprit du public, ce qu'on est convenu de nommer la question d'Orient. Pour s'entendre plus facilement, il faut aller au fond de la chose et en préciser le sens ; or celui qu'on y attache généralement, c'est la chute de l'Empire turc.

La question ainsi posée, chacun tâche de la résoudre à sa manière et souvent sans s'inquiéter non-seulement de son peu de connaissance de la matière dont il s'occupe, mais du peu de logique qu'il apporte dans ses raisonnements. Les uns pensent que l'Empire turc doit succomber sous l'effort de la conquête, les autres sous l'action du principe de la nationalité. Combien est illogique, même absurde, la première supposition; vouloir appliquer un principe qui, aujourd'hui, n'est plus admis en Europe, aurait dû frapper tous les publicistes qui, traitant de la question d'Orient, admettent le partage de la Turquie. Mais en prenant même ce partage pour point de départ, s'est-on bien rendu compte des difficultés qui le rendent impossible? Car enfin, pour admettre un partage, il faut que le consentement des co-partageants soit réciproque, comme à l'époque de celui de la Pologne, il faut que les parts soient satisfaisantes; or, si l'on pouvait satisfaire la Russie, en la faisant passer à travers la nationalité roumaine, placée aujourd'hui sous une garantie européenne : si l'on pouvait contenter l'Autriche en lui permettant de ne pas tenir compte de la nationalité serbe, quoique celle-ci saurait peut-être elle-même repousser cet envahissement : où seraient les lots de la Prusse, de la France, de l'Angleterre. D'ailleurs, le partage de la Pologne accompli dans une aussi cordiale entente, peut-être aujourd'hui fait naître plus de regrets que de satisfaction dans le for intérieur de ceux qui l'ont accompli, puisque dans le temps, les tzars Alexandre et Nicolas, comme le prince de Metternich, se sont exprimés dans ce sens. Si toutes ces raisons n'étaient pas assez convaincantes pour prouver l'impossibilité du partage de la Turquie, il suffirait de rappeler à la mémoire, non des raisonnements mais des faits, la guerre de Crimée, guerre qui cimenta l'alliance anglo-française et prouva à toute l'Europe qu'en présence de cette alliance, rien d'inique ne pouvait s'y passer.

Ceux qui tranchent la question d'Orient par le partage de la Turquie, au profit du principe de la nationalité, ne sont pas plus dans le vrai que les partisans du principe de la conquête, avec cette différence qu'il y a parmi eux ceux qui errent de bonne foi et d'autres qui sont dans le faux avec connaissance de cause. Ainsi les premiers, ne voyant dans la domination turque que l'oppression de la conquête, demandent à la voir disparaître au profit des nationalités conquises. Puisqu'en chassant les Autrichiens de l'Italie, les Italiens sont devenus indépendants; puisqu'en supposant les Autrichiens chassés de la Hongrie, les Hongrois seraient libres; on se demande pourquoi une fois les Turcs expulsés, les nationalités qu'ils oppriment ne deviendraient-elles pas libres également. La réponse est facile : c'est que ces populations, après des guerres d'extermination dont les sanglantes hécatombes de Kossovopole sont une terrible image, ont perdu, sous une oppression de quatre siècles, tout ce qui constitue une nationalité, hors la religion et la langue. Les Principautés danubiennes, réunies par un faible lien de vassalité à l'Empire turc, ont tout à gagner à se développer sous ce patronage officiel, si surtout elles ne se laissent pas entraîner par le vote, par une trop libérale constitution qu'elles risqueraient à perdre si cet empire était menacé dans son existence; mais dans aucun cas leur action ne saurait s'étendre au delà de leurs limites actuelles en Turquie.

La principauté serbe est presque dans la même position : quasi-émancipée, elle a besoin du temps pour consolider son organisation intérieure, ébranlée par des révolutions malheureusement trop fréquentes. Il est impossible de ne pas reconnaître que la Serbie possède toutes les qualités qui constituent une vigoureuse nationalité, qu'elle est même le noyau autour duquel viendront probablement se grouper les autres branches des Slaves méridionaux, en un mot, que c'est le Piémont de ces populations. Mais il ne faut pas oublier que les Serbes sont peu nombreux, que leur civilisation est à son début et qu'ils ne peuvent songer à une union nationale ni avec la Bulgarie, ni encore moins avec la Bosnie, où le mélange nombreux de Musulmans rendrait la chose d'autant moins possible à exécuter. Aussi ceux qui, de bonne foi, prêchent en Turquie l'émancipation des nationalités, pour éviter l'embarras de désigner celle au profit de laquelle cette émancipation devrait se faire, n'en désignent aucune et se renferment dans des généralités. Il en est autrement de ceux qui, comptant probablement sur l'ignorance de leurs auditeurs, reconstruisent avec un grand fracas de paroles l'Empire byzantin. Ils oublient que ce serait substituer une oppression à une autre, avec cette différence que les Turcs sont plus nombreux, qu'ils sont moins détestés et que leur domination existe.

Il serait complétement faux de croire que la Turquie, n'ayant rien à craindre ni du côté de la conquête, ni du côté de l'émancipation des nationalités, pourrait rester tranquillement dans l'état déplorable qu'elle présente. Certainement aucun de ses véritables amis n'oserait l'avancer, d'autant plus qu'il n'y en a pas un seul dont le cœur ne soit navré, connaissant les richesses morales de la race turque, les richesses matérielles du pays, de voir combien cet empire a baissé en puissance en crédit, en influence, depuis la dernière guerre, entreprise en sa faveur et pendant laquelle il sut déployer de si grandes qualités. La Turquie, que ses détracteurs, plus ou moins intéressés ou ignorants, s'efforcent de représenter comme le *malade* de l'Europe, l'est moins que ne le sont plusieurs autres États. Leur force n'est plus aujourd'hui un simple travail de statistique, c'est avant tout un problème moral, par lequel on pourrait évaluer le dévouement des gouvernés pour leurs gouvernants ; car, comme l'a dit une bouche auguste, « c'est l'union intime entre le peuple et le souverain qui fait la force des États à l'intérieur comme à l'extérieur. »

Or, sans exagération, on ne saurait nier que le dévouement des sujets turcs pour le sultan ne pourrait être dépassé par l'amour de n'importe quel peuple pour son souverain. Tous les militaires qui ont été témoins et acteurs du grand drame qui s'est joué sur le Danube comme en Crimée ou sous les murs de Kars, reconnaîtront cette vérité, que le soldat turc, qui n'est pas brisé par la discipline militaire, dont les cadres ne sont pas bien formés, mal vêtu, rarement nourri, avec une solde arriérée quelquefois de deux années, supportait tout sans murmurer, uniquement par une foi aveugle dans le sultan. Dans cet état de chose on pourrait se demander comment la Turquie, au lieu d'être une des plus fortes, est, au contraire, une des plus faibles puissances de l'Europe? La réponse est facile : en dehors des raisons citées plus haut, du manque d'initiative, des tiraillements et des concessions continuelles vis-à-vis de l'étranger, la raison capitale, c'est que ce dévouement n'est éprouvé que par un chiffre relativement minime des habitants, tandis que le plus grand nombre est encore courbé sous l'oppression de la conquête. Mais cette oppression qui, depuis la publication du *Hatti-Houmayoun*, n'existe plus officiellement, pourrait cesser du moment où une main ferme appliquerait la nouvelle loi de l'État et la ferait exécuter impitoyablement. La Turquie donc, débarrassée aujourd'hui des populations les plus hétérogènes, comme la Serbie et la Roumanie, rejetant leur action à l'extérieur sur des provinces qui faisaient partie autrefois d'une patrie commune, pourrait facilement se régénérer.

Des concessions, proportionnées à celles qui viennent d'être données aux individus, accordées à la belle et bonne nationalité bulgare, en feraient un des plus fermes appuis du trône du Sultan. C'est en Bulgarie qu'aujourd'hui même existe et s'alimente par des engagements volontaires le premier noyau de troupes chrétiennes, sur la bannière desquelles on voit réunis la croix et le croissant. L'armée est la seule représentation sérieuse de la nationalité : parlement, tribunaux, même le langage, sont autant de hochets quand pour les défendre il n'y a pas d'armée nationale : aussi c'est une concession qu'un conquérant n'accorde jamais lorsqu'il n'est pas de bonne foi, et un souverain qui ne peut compter sur ses sujets aura toujours des étrangers payés par le pays pour le maintenir dans la servitude. Si la Turquie voulait faire un pas plus décisif et former sous le sceptre du sultan une fédération, elle trouverait dans l'histoire un glorieux et brillant précédent, c'est celui de l'union de la Lithuanie avec la Pologne. Ces deux peuples d'origine différente, longtemps ennemis, l'un catholique, l'autre païen ; l'un acquis à la civilisation occidentale, l'autre n'en ayant encore presque aucune, finirent un jour par l'union politique la plus complète, et cependant ils gardèrent leur langue, leur code, leur trésor, leur armée, un parlement qui alternait ; mais devant l'ennemi ils ne furent qu'un, à l'extérieur il n'y eut qu'un souverain, le roi de Pologne. Cette union fut si vraie, si intime, si cordiale, qu'elle n'a même pas cessé d'exister lorsque la vie politique se fut retirée de cet État infortuné. En effet, depuis le partage de la Pologne, autant de fois qu'on se souleva à Varsovie, autant de fois on courut aux armes à Vilna. Sublime spectacle de fraternité, magnifique exemple sinon à suivre, par les États hétérogènes fondés par le rapt et la violence, au moins à étudier par les publicistes de tous les pays, surtout au moment où le droit du plus fort, de l'oppression, de la conquête, semble condamné et paraît devoir être remplacé par l'émancipation de la nationalité ou la satisfaction de ses droits dans une équitable fédération.

Ayant ainsi examiné et rendu compte des événements de Syrie autant, comme on l'a déjà fait remarquer, qu'ils se rattachent à la politique générale européenne, on éprouve une certaine hâte de passer au second fait capital, celui du débarquement de Garibaldi en Sicile. Il est maintenant hors de doute que la fermentation des esprits dans l'Italie méridionale surexcitée par les glorieux succès qu'obtint en Italie la cause nationale à la suite des annexions issues du suffrage universel, loin d'être calmée par des concessions opportunes, était arrivée à son point culminant par suite de la conduite la plus déplorable de ses gouvernements. Le premier indice de cette irritation fut formulé en Sicile, où éclata un soulèvement qui, d'abord comprimé, dispersé, ne fut jamais complétement étouffé, soutenu probablement par l'espoir, peut-être même par les promesses d'un secours prompt et efficace.

En effet, un beau jour, on apprit que le général Garibaldi, froissé d'ailleurs par la cession de Nice, sa ville natale, à la France, avait donné sa démission de député et ensuite celle de général au service du roi Victor-Emmanuel puis, qu'entouré de douze à quinze cents volontaires, il s'était emparé de deux petits bateaux à vapeur et avait pris la mer à Gênes pour une destination inconnue. On peut comprendre jusqu'à un certain point, si on le veut, comment tous les préparatifs et l'embarquement lui-même ont pu échapper à la surveillance des autorités ; mais comment se fit-il que ni le gouvernement pontifical, ni celui du roi de Naples, les seuls qui pussent être menacés par une pareille expédition, n'aient

pas été avertis, ni des préparatifs ni de l'exécution de l'entreprise?
Quoi qu'il en soit, Garibaldi arriva sur les côtes de Sicile et
débarqua à Marsala. Il faut encore remarquer que le débarquement s'opéra sous le feu des navires napolitains chargés de
la croisière, mais ce feu n'a commencé qu'après que le débarquement eut été exécuté ; on feignit même de croire que
le débarquement avait été favorisé par la marine royale anglaise. Il est plus probable de supposer que le gouvernement
napolitain pensait qu'il pourrait facilement venir à bout de Garibaldi et s'en défaire pour toujours en le traitant, comme du reste
traitent ordinairement les gouvernements de droit divin leurs adversaires vaincus, en bandit. Si c'était ce calcul que faisait le
gouvernement napolitain, la fortune trahit son astucieuse finesse.
La nouvelle de l'arrivée de Garibaldi se répandit dans toute l'île
et donna un vigoureux essor à l'insurrection, ce qui, joint à l'ignorance des chefs et à une inqualifiable mollesse des troupes, permit
bientôt à l'intrépide chef du mouvement national, après quelques
combats assez insignifiants, d'entrer à Palerme.

Ici la lutte fut plus sanglante, surtout plus atroce, de la part des
Napolitains, qui bombardèrent la ville avec une sorte de frénésie.
Ce bombardement, comme en général tous ceux qu'on dirige
contre de grands centres de population, n'eut aucun résultat militaire, et au lieu de servir il nuisit à la cause qui l'avait employé.
Garibaldi, loin d'évacuer la ville, força la garnison de la citadelle
et des forts à capituler au milieu des imprécations d'une population justement exaspérée. C'est ainsi que dans l'espace de peu de
jours le gouvernement du roi de Naples perdit, non-seulement la
capitale et une grande partie de l'île, mais ce qui est bien plus
étonnant, presque inexplicable, une armée de 20 à 25,000
hommes. Ce résultat fut obtenu par un chef hardi, très-populaire
auprès des masses, mais enfin qui, à son début, ne disposait pas
de deux mille hommes.

Les généraux napolitains, frappés d'idiotisme, au lieu de marcher droit à l'adversaire, de tâcher de le joindre un peu plus vite

pour l'accabler avec l'immense supériorité de leurs forces, de l'é-
craser au moyen de leur artillerie et de tous les avantages d'une
armée organisée, ne songèrent qu'à se concentrer dans la citadelle
et les forts de Messine, qu'à occuper quelques points fortifiés,
abandonnant à Garibaldi toute l'île et les ressources qu'il pouvait
y trouver. Cet esprit de vertige semblait s'être emparé également
ment de toute l'administration centrale à Naples, car on n'y aper-
çoit aucune mesure de fermeté ni de prévoyance. On ne cherche
pas à renforcer la garnison de Messine pour la mettre en position
d'exécuter un ordre péremptoire, à joindre Garibaldi en rase
campagne à le battre, en un mot à le jeter à la mer. On ne voit
pas dans toute cette période la marine napolitaine faire le moindre
mouvement, exercer la moindre surveillance, puisque pendant
tout ce temps on ne voit qu'un seul navire portant des secours à
Garibaldi, capturé, tandis que la mer en était couverte ; que
chaque expédition était signalée à l'avance par les journaux de
tous les pays, et qu'un comité garibaldien agissait en dehors et
quelquefois contrairement à l'autorité du gouvernement piémon-
tais. Ce qui est encore à signaler comme trait caractéristique de
ce drame prodigieux, c'est qu'au moment où un homme, que les
journaux signalaient à l'envi comme un aventurier, comme un
flibustier, s'emparait de la moitié des États d'un souverain de par
le droit divin de cette illustre et malheureuse maison de Bourbon ,
aucun des souverains, en vertu du même droit, n'a protesté contre cette agression et n'a cherché à la neutraliser, en forçant le
Piémont à empêcher efficacement le départ de ses volontaires pour
la Sicile.

Mais chacun se taisait, ayant un but particulier là-dedans à
poursuivre ; le Piémont laissait faire, car l'agression de Garibaldi devait tourner à son profit ; d'ailleurs elle était faite avec les
instruments les plus turbulents dont il était par trop heureux de
se défaire ; la France, après avoir autorisé le général Lamoricière
à aller prendre le commandement des troupes du Pape, ce qui dé-
popularisait ce général dans l'armée française, trouvait encore

son profit à voir prendre du service à l'étranger à la jeunesse désœuvrée du parti légitimiste ; l'Autriche aussi ne voulait pas soulever cette question, car, sous le pseudonyme de volontaires, elle faisait arriver par Ancône des bataillons entiers dans les États-Romains, espérant peut-être avoir en Italie son armée abritée par l'armée papale. Quoi qu'il en soit, voyant cet état de choses et n'espérant plus dans des secours étrangers, le roi de Naples, menacé de plus en plus d'une descente de Garibaldi, se décida à proclamer une constitution libérale. Comme toutes les concessions faites à la dernière heure, ni la constitution ne ramena personne au roi François II, ni l'offre d'une alliance offensive et défensive faite au Piémont, ne put être acceptée par celui-ci. Au milieu du chaos que fit surgir à Naples la brusque substitution du régime de la liberté à celui d'un despotisme aussi abject que stupide, Garibaldi traversa le détroit, et bientôt, au lieu d'avoir des adversaires à combattre, il n'eut qu'à recueillir les armes de ceux qui se rendaient ou qui les abandonnaient en se débandant.

Plus Garibaldi s'avançait, moins François II songeait à se défendre ; il arriva enfin que tandis que le roi sortait de Naples, abandonné par sa flotte et par une partie de son armée, le héros populaire y entrait suivi seulement de cinq officiers. Un gouvernement qui n'a pas plus de racine dans un pays, qui cède au premier souffle contraire, un tel gouvernement est condamné, il n'a pas de raison d'être ; mille raisons le prouvent qu'il serait superflu d'examiner ici. Une fois à Naples, Garibaldi, dictateur des Deux-Siciles, remplaçant le roi qui y siégeait au même titre, commença à sentir combien le métier de gouverner est difficile. Loyal, enthousiaste, chevaleresque, surtout Italien dévoué et passionné, il ne soupçonna même pas qu'on pût ne pas aimer l'Italie purement, au-dessus de tout. Ceux qui l'entouraient surent profiter de ses dispositions, et exploitant, dans leurs intérêts ou au profit de leurs utopies, les qualités comme les défauts du dictateur, ils le mirent sur la voie de compromettre encore une fois, comme en 1848, les brillantes destinées de la Péninsule. L'anarchie à Naples comme en Sicile, la désaffection contre le dictateur, opposé à l'union immédiate exigée par les masses, permettaient aux intrigants de toute espèce d'agir avec succès. Le dictateur, par de fausses démarches, placé en opposition flagrante avec l'homme éminent à qui l'Italie doit le développement actuel de ses destinées et presque avec le roi Victor-Emmanuel ; la France menacée à Rome , l'Autriche dans la Vénitie , une armée désorganisée à Naples, ayant devant elle une armée groupée autour de François II, ne voulant plus fuir et prête à reprendre à l'offensive : telle était la situation.

La position du cabinet de Turin était embarrassante ; il comprenait parfaitement qu'une prise d'armes de sa part, soit en faveur des populations soumises au Saint-Siége, il est vrai, par une force composée et commandée par des étrangers, soit un appui donné aux volontaires plus ou moins Italiens de Garibaldi, était tout simplement violer non-seulement le droit diplomatique reconnu, mais encore le droit nouvellement proclamé et qui faisait la force de la transformation italienne de non-intervention. Il n'y avait cependant pas à balancer : la révolution italienne vaincue, l'armée du Pape comme celle de François II, devenait l'auxiliaire naturelle de l'ennemi de l'Italie : si, au contraire, c'était la révolution qui devait l'emporter, non-seulement le trône de Victor-Emmanuel pouvait être brisé, mais la société italienne, livrée à des agitations anarchiques, était menacée de dissolution ou forcée une fois encore de se courber sous le joug qu'apporterait une invasion étrangère. La décision fut prompte et audacieuse : Victor-Emmanuel, suivant l'impérissable axiome : *Salus populi suprema lex esto*, aimant mieux s'exposer à une invasion étrangère qu'à courir l'horrible chance d'une lutte fratricide, se montra à la hauteur de sa mission. Recevant les députations des sujets du Pape comme celles de Naples, qui lui demandaient, les unes, de les délivrer de l'oppression d'un mauvais gouvernement ; les autres, des dangers d'un avenir anarchique, le roi Victor-Emmanuel imita l'exemple donné par l'Autriche l'année dernière, et somma le gouvernement pontifical de licencier les étrangers qu'il avait dans son armée.

Cette sommation, suivie de l'entrée des troupes royales dans les États du Pape, fut accompagnée d'un mémorandum du comte de Cavour adressé aux différentes cours de l'Europe, véritable chef-d'œuvre destiné à prendre une place distinguée dans ce qu'on peut appeler le nouveau code national des relations internationales. Le sujet traité ici ne demande pas qu'on rende compte des opérations militaires ni qu'on les examine sous le point de vue de l'art, il suffira de dire que l'armée italienne, après avoir dispersé les soldats du Pape, pris facilement Ancône, entra dans ce qu'on peut déjà nommer l'ancien royaume de Naples. Le roi Victor-Emmanuel se mit à sa tête, pendant que le Parlement réuni à Turin proclamait l'annexion à l'unité italienne de toutes les parties de la Péninsule qui exprimeraient ce vœu au moyen du suffrage universel. Cédant à cette double pression, le gouvernement dictatorial, opposé jusqu'ici à l'union immédiate de l'Italie méridionale, se vit forcé d'appeler toute la population de l'ancien royaume des Deux-Siciles à exprimer solennellement sa volonté sur le plébiscite proposant l'unité de l'Italie. Le résultat n'en est pas douteux ; la seule ombre au tableau, c'est l'occupation prolongée de Gaëte par François II qui, à la dernière heure, semble avoir compris son devoir de roi et met à présent autant de ténacité dans sa conduite qu'il avait déployé jusqu'alors d'inconséquence et de pusillanimité.

L'Europe cependant, qui n'avait pour base que le droit divin, comprenant que les événements de Syrie pourraient se calmer sans lui permettre d'exercer son autre droit, celui de la conquête, voyant d'un autre côté que l'aventure de Garibaldi, comme on l'avait qualifiée à son début, était devenue une véritable menace pour le vieux système, l'Europe se mit en quête de moyens, afin de conjurer ce danger. Il n'est pas facile de déterminer la portée du voyage de famille de la reine Victoria en Allemagne, ni des conférences tenues à Coblentz entre les ministres des affaires étrangères d'Angleterre et de Prusse. Les feuilles prussiennes semblèrent vouloir lui donner une certaine signification appuyée d'ailleurs sur le ton aigre et hautain de la note adressée par lord Jonh Russel au ministre britannique à Turin; mais les feuilles anglaises les démentirent énergiquement et même avec assez peu de ménagement pour leur ministre des affaires étrangères. Il n'en est pas moins vrai que le bruit se répandit bientôt en Europe que des négociations étaient entamées pour la cession de certaines îles du littoral dalmate, par l'Autriche à l'Angleterre, et que la flotte de celle-ci allait hiverner à Corfou, probablement pour surveiller, dans l'Adriatique, les intérêts anglais dont il est question dans la note de lord John Russel à sir Hudson.

Mais si la politique anglaise ne s'est pas dessinée assez nettement, il n'en a pas été ainsi pour les trois cours du Nord. Celles-ci, saisies de crainte, peut-être à la veille d'un bouleversement, sans argent, sans crédit, se décidèrent à intimider, à faire reculer leur ennemi, le principe national. Elles résolurent donc de se réunir, de tenir leurs assises ; mais où? à Varsovie ! capitale d'une nationalité opprimée et qu'elles cherchent à exterminer. C'est du lieu même de ce qu'ils considèrent comme le tombeau de la Pologne, que les trois souverains, les *partageurs,* comme on les nomme fort judicieusement, voulurent protester au nom du droit et des traités en faveur de la souveraineté en Italie, eux, les violateurs de tous les droits , de tous les traités , spoliateurs cyniques de la souveraineté en Pologne. Vains efforts, vaines menaces, les conférences de Varsovie ne purent aboutir à rien, et plus les souverains qui s'y trouvaient réunis voudront écouter la voix de leurs passions, plus ils se rapprocheront de leur perte. En effet, la Prusse, en dehors des possessions polonaises où elle procède avec l'aveuglement naturel au conquérant, est un pays homogène et un gouvernement libéral, possédant tout pour être le noyau autour duquel devrait se grouper la nationalité allemande. Loin de là, les derniers souverains prussiens, au lieu de profiter de ces tendances, les éloignent par leur penchant pour le

despotisme et, au lieu de s'appuyer sur la France, afin d'acquérir
sur l'Allemagne une influence basée sur le principe de la nationalité, ils préfèrent devoir cette influence à l'alliance russe, symbole
du despotisme et de la force brutale. Il est temps pour la Prusse
d'y réfléchir, car elle pourrait bien se repentir de laisser échapper
une heureuse occasion comme en 1848. Le besoin de l'unité allemande se fait sentir de jour en jour davantage, qu'arriverait-il s'il se
trouvait parmi les nombreux princes allemands un homme qui,
comprenant les aspirations de ce grand peuple, aidé par la France,
satisfît les deux besoins impérieux de l'époque, la liberté et la nationalité ? La maison de Hohenzollern pourrait bien, de souveraine
redevenir vassale, comme elle l'avait été primitivement. Elle le
deviendrait encore, si, par impossible, elle triomphait du principe
de la nationalité avec l'aide de la Russie, car alors c'est le Tzar qui
serait le véritable souverain en Allemagne.

La Russie aussi, bien que puissance de premier ordre, car elle
tire sa force d'une grande nationalité, pourrait déchoir, si son souverain, continuant à absorber à son profit le principe de la nationalité, ne songeait à satisfaire que son intérêt individuel dans le
despotisme. La Russie aujourd'hui a senti le besoin d'une transformation, et si les paysans n'y veulent plus être serfs, on
peut affirmer que nul ne veut y être l'esclave du Tzar. Mais si
la Russie sent le besoin de la liberté, et par une émancipation graduelle veut échapper à des convulsions sanglantes, elle
ne peut pas oublier qu'elle a à satisfaire le principe de la nationa-
ité polonaise si elle ne veut pas être exposée à des luttes et plus
sanglantes et plus dangereuses que celles qu'elle a eues déjà à soutenir. La conquête autrefois, lorsque les populations conquises
n'étaient qu'un vil troupeau de bêtes de somme, pouvait apporter
au conquérant un certain degré de force ; mais aujourd'hui avec la
diffusion des lumières, plus un peuple pense et moins il est facile
de le garder contre son gré. Cette position est tellement bien com-
prise par les hommes politiques en Russie, qu'un de ses publicistes les plus distingués disait hautement : « La Pologne est pour

la Russie ce qu'est le boulet pour l'esclave. » Dans l'intérêt donc de la nationalité russe, elle devrait se séparer de la nationalité polonaise, lui rendre sa liberté ravie, sans quoi elle ne pourra jamais jouir tranquillement de la sienne. Une union, comme celle de la Pologne avec la Lithuanie, dont il a été déjà question plus haut, pourrait peut-être satisfaire les susceptibilités des deux nations : d'ailleurs, les paroles d'Alexandre Ier prononcées à Varsovie lors de la réunion des premières chambres polonaises, semblaient indiquer cet avenir.

La situation de l'Autriche paraît être la plus difficile à remanier. En effet, empire composé de diverses nationalités, il n'existait que par leur sommeil ; avec leur réveil, sa raison d'être cesse. Les concessions n'y suffisent plus ; car, comme on l'a vu dans le Conseil de l'empire, celles qui étaient appelées, qui satisfaisaient les uns, mécontentaient, étaient repoussées par les autres. L'Autriche, c'est-à-dire la maison régnante, car c'est elle seule qui, non-seulement représente, mais qui est l'empire, recueille aujourd'hui les fruits amers de son astucieuse politique, c'est à force d'avoir voulu *diviser pour régner* qu'elle reste maintenant sans appui. Cependant rien ne peut l'éclairer ; elle se raidit contre la vérité, ferme les yeux à la lumière et s'entête à garder la Vénétie comme poussée fatalement vers l'abîme.

Examinant consciencieusement, sans haine comme sans préjugés, la marche des événements, on doit reconnaître que le temps des nationalités est venu, que c'est le souffle de leur émancipation qui ébranle les vieux trônes et bouleverse les fondements de la vieille société. Non, ce n'est pas l'ère de la révolution, si on entend par là l'anarchie, le désordre, la licence, toutes choses qui s'appuient sur la force, et celle-ci, dès que le succès l'a couronnée, est devenue l'image comme la source du droit divin. Un tel état serait antipathique à la société moderne, mue autant par les sentiments de dignité que par la charité, et qui demande pour tous un même degré d'émancipation et de liberté, condamnant également la licence et le privilége. Le monde marche dans cette voie, il marche plus sûrement et plus vite, car il a trouvé dans Napoléon III, qui comprend ses aspirations, son pilote. Cependant il faut reconnaître que si ce chef du grand mouvement manquait à l'humanité, le développement de son émancipation ne s'arrête-rait pas ; il pourrait être retardé ; car, contrarié probablement, il deviendrait désordonné, peut-être même sanglant; mais nul ne saurait l'arrêter ni le faire reculer. Il faut que le monde at-teigne le but de ses efforts incessants : satisfaction des individus à l'intérieur, satisfaction des nationalités à l'extérieur. Le temps de l'oppression sous toutes les formes, conquête, fanatisme, aris-tocratie, privilége, est passé. Cardinaux à Rome, ulémas à Cons-tantinople, conseillers auliques à Vienne et lords à Londres, ou-vriront yeux et oreilles, et *tout* ce qui restera sourd et aveugle disparaîtra.

Avant que le public ne soit initié aux mystères des conférences de Varsovie, ne pourrait-on pas signaler comme leurs prolégo-mènes, pour :

L'Angleterre, la note de lord John Russel au ministre anglais à Turin (1) ; les conférences de Coblentz entre les ministres des affaires étrangères d'Angleterre et de Prusse ; l'hivernage de la flotte anglaise dans l'Adriatique.

L'Italie, sa marche uniforme vers l'unité nationale malgré toutes les protestations étrangères.

L'Autriche, la transformation de l'Empire en une confédération autrichienne par les diverses patentes du 20 octobre.

(1) Sauf la rectification, en sens contraire, par la dépêche du 27 octobre, du même au même.

La France n'a que l'article du *Constitutionnel* du 24 octobre ;
mais il a suffi pour émouvoir l'Europe.

D'après tout cela, on pourrait peut-être avancer, sans trop se
compromettre, que la coalition de la peur, pâle essai de la Sainte-
Alliance, n'a abouti qu'à mettre en pratique, le :

Parturiunt montes, nascitur ridiculus mus.

Paris, le 31 octobre 1860.

FIN